中国文化
知识读本

ZHONGGUO WENHUA ZHISHI DUBEN

古代陶器

金开诚◎主编　于　元◎编著

吉林出版集团有限责任公司
吉林文史出版社

图书在版编目（CIP）数据

古代陶器 / 于元编著 .—长春：吉林出版集团有

限责任公司：吉林文史出版社，2009.12（2022.1重印）

（中国文化知识读本）

ISBN 978-7-5463-1690-1

Ⅰ . ①古… Ⅱ . ①于… Ⅲ . ①古代陶瓷 - 简介 - 中国

Ⅳ . ① K876.3

中国版本图书馆 CIP 数据核字（2009）第 237284 号

古代陶器

GUDAI TAOQI

主编／ 金开诚 编著／于元

项目负责／崔博华 责任编辑／曹恒 崔博华

责任校对／梁丹丹 装帧设计／曹恒

出版发行／吉林文史出版社 吉林出版集团有限责任公司

地址／长春市人民大街4646号 邮编／130021

电话／0431-86037503 传真／0431-86037589

印刷／三河市金兆印刷装订有限公司

版次／2009 年 12 月第 1 版 2022 年 1 月第 4 次印刷

开本／650mm×960mm 1/16

印张／8 字数／30千

书号／ISBN 978-7-5463-1690-1

定价／34.80元

关于《中国文化知识读本》

文化是一种社会现象，是人类物质文明和精神文明有机融合的产物；同时又是一种历史现象，是社会的历史沉积。当今世界，随着经济全球化进程的加快，人们也越来越重视本民族的文化。我们只有加强对本民族文化的继承和创新，才能更好地弘扬民族精神，增强民族凝聚力。历史经验告诉我们，任何一个民族要想屹立于世界民族之林，必须具有自尊、自信、自强的民族意识。文化是维系一个民族生存和发展的强大动力。一个民族的存在依赖文化，文化的解体就是一个民族的消亡。

随着我国综合国力的日益强大，广大民众对重塑民族自尊心和自豪感的愿望日益迫切。作为民族大家庭中的一员，将源远流长、博大精深的中国文化继承并传播给广大群众，特别是青年一代，是我们出版人义不容辞的责任。

《中国文化知识读本》是由吉林出版集团有限责任公司和吉林文史出版社组织国内知名专家学者编写的一套旨在传播中华五千年优秀传统文化，提高全民文化修养的大型知识读本。该书在深入挖掘和整理中华优秀传统文化成果的同时，结合社会发展，注入了时代精神。书中优美生动的文字、简明通俗的语言、图文并茂的形式，把中国文化中的物态文化、制度文化、行为文化、精神文化等知识要点全面展示给读者。点点滴滴的文化知识仿佛颗颗繁星，组成了灿烂辉煌的中国文化的天穹。

希望本书能为弘扬中华五千年优秀传统文化、增强各民族团结、构建社会主义和谐社会尽一份绵薄之力，也坚信我们的中华民族一定能够早日实现伟大复兴！

【目录】

一 略谈陶土和陶器

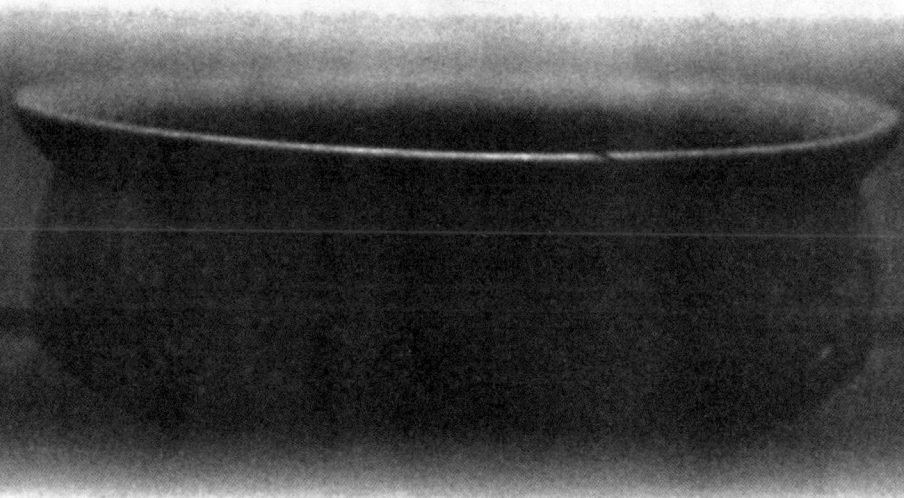

陶土是指含有铁质而带有黄褐、灰白、红紫等色，具有可塑性的黏土。其中含有不定量的矿物成分，主要有高岭石、水白云母、蒙脱石、石英和长石。陶土可用以烧制地砖、陶器等。

陶器是指以黏土为胎，经过手捏、轮制、模塑等方法加工成型后，在高温下焙烧而成的物品。陶器分为细陶和粗陶，白色或有色，无釉或有釉。品种有红陶、彩陶、黑陶、灰陶、白陶等。

陶器是古代先民在长期劳动实践中摸索创造出来的

在原始时代，我们祖先临水而居，没有水井，需要容器将水盛起来。人类用火之后，常将黏土涂在容易燃烧的容器上防火。不久，人们发现黏土经火烧后，本身就是一种很好的容器。这样，陶器便产生了。陶器的发明并不是某一地区或某一部落的专利，在长期生活实践中，任何一个古代农业部落和人群都能各自独立地创造出陶器来。

恩格斯在《家庭、私有制和国家的起

陶器可以根据材质、颜色等划分种类

源》一书中说："可以证明，在许多地方，也许是一切地方，陶器的制造都是在编制的或木制的容器上涂上黏土，使之能够耐火而产生的。不久人们便发现，成型的黏土不用内部的编制或木制容器，也可以用于这个目的。"

陶器出炉后为人类服务一生，打碎后形成的碎片还有提示历史时期的作用。在沉积堆最底部发现的陶器就是最古老的陶器。在制陶人聚居的地方，会

造型古朴的陶器

仰韶文化古陶

形成陶器碎片的遗迹堆。陶器碎片与其他杂物混在一起，其中容易腐烂的材料大部分都消失了，而陶器碎片却能硕果仅存。由于沉积堆的横断面能表示不同的历史时期，所以在考古上具有极其重要的意义。

陶器工艺品是我国最古老的工艺美

术品，远在新石器时代就有风格粗犷朴实的红陶、彩陶、灰陶、黑陶和白陶了。陶器的出现是中国新石器时代的主要标志之一，它加强了早期人类定居的稳定性，丰富了人们的日常生活。

随着社会的不断进步，陶器的质量也逐步提高了。商周时期，我国已经出现了专门从事陶器生产的工种。战国时期，陶器上出现了各种优雅的纹饰和花鸟图案。这时，陶器开始应用铅釉，表面更为光滑，

陶器的出现是新石器时代的主要标志之一

唐三彩陶马

也有了一定的色泽。西汉时期，上釉陶器广泛流传开来，多种色彩的釉料也先后出现了。

有一种盛行于唐代的陶器，以黄、褐、绿为基本釉色，后来人们习惯地把这类陶器称为"唐三彩"。唐三彩是一种低

唐三彩骆驼骑俑

温釉陶器，在色釉中加入不同的金属氧化物，经过焙烧形成浅黄、赭黄、浅绿、深绿、天蓝、褐红、茄紫等多种色彩，但多以黄、褐、绿三色为主。唐三彩的出现是中国陶器的种类和色彩更加丰富的标志，陶器在制作技术和艺术创造上已经高度成熟了。

古代世界各地均能生产陶器，但只有中国将陶器发展提高为瓷器了。瓷器出现后，陶器还在继续生产，不是瓷器代替了陶器，而是各自独立地发展着。

瓷器是从陶器发展而来的，可以说没有陶器的发明与发展就不可能有瓷器。然而，瓷器与陶器毕竟不同，两者有哪些区别呢？一是两者胎土不同：陶器是用黏

宋代青花刻花碗

土烧制的，而瓷器必须是含有大量瓷石的泥土方可烧制。瓷石是高岭土、长石、石英的混合物。二是两者烧制温度不同：陶器在700—850℃之间烧成，瓷器一般在1200—1400℃之间烧成。三是两者吸水率不同：吸水率小于0.5％为瓷，大于10％为陶。介于两者之间为半瓷，这种陶瓷制品叫炻器，如砂锅、水缸和耐酸陶瓷等。四是两者表面观感不同：早期陶器大多不

青花瓷

唐三彩属施低温釉的陶器

施釉，表面采用磨光或拍平处理，后期陶器虽也施釉，但陶器的釉属于低温釉。唐三彩就是施低温釉的陶器。而瓷器都必须施高温釉，釉层光滑，有玻璃感。辨别陶器和瓷器时，可将一滴水滴在器物上，用手抹去水滴后，器物表面没有水痕者多半是瓷器，而留下水痕的多半是陶器。

二　中国古代陶器的分类及代表作品

红陶折腹鼎

中国古代陶器分为八大类：红陶、彩陶、黑陶、灰陶、白陶、彩绘陶、硬陶、釉陶。

（一）红陶

红陶是原始社会最常见的一种陶器，颜色近似红砖色。在烧窑时，充分供应空气，使陶土中的铁转化为三价铁，陶器便会呈现出红色了。

代表作品：红陶折腹鼎

"红陶折腹鼎"，大汶口文化时期陶器。1959年于山东省泰安县大汶口出土，现藏山东省博物馆。通高28.3厘米，口

径17厘米。以夹细砂红陶制成，斜壁，折腹，圆唇，折沿，微敛口，口外下饰两鼻形耳，圆底下有三个扁凿形实足。鼎盖为一倒置的豆，豆盘作盖面，喇叭形高圈足即盖钮。

此鼎为大汶口文化中期之典型陶器，造型稳健，烧工精细，器表加施红陶衣，望之如彩似漆，美艳动人。

（二）彩陶

陶器入窑前，在陶坯上进行彩绘，烧后的成品便是彩陶。

代表作品：彩陶船形壶、彩陶鱼鸟纹

彩陶船形壶

彩陶鱼鸟纹细颈瓶

细颈瓶、彩陶鱼纹盆。

"彩陶船形壶",仰韶文化时期陶器。陕西省宝鸡北首岭出土,现藏中国历史博物馆。器高 15.6 厘米,长 24.8 厘米。杯形口,短颈下外侈,向两侧伸出平肩,肩端凸出,向下收缩成尖角。肩上左右各有一半环耳,供系绳用。壶腹两面绘黑彩方格网纹。壶体似船,造型别致,为彩陶中稀有珍品。

"彩陶鱼鸟纹细颈瓶",仰韶文化时期陶器。陕西省宝鸡北首岭出土,现藏中国历史博物馆。器高 22.6 厘米,口径 2.1 厘米。口部上包圆鼓,有一出水小圆孔,细颈,圆肩,扁折腹,平底。此器肩部用黑彩绘制水鸟衔鱼纹饰,器型极为美观。

"彩陶鱼纹盆",仰韶文化时期陶器。陕西省西安市半坡遗址出土,现藏中国历史博物馆。器高 17 厘米,口径 31.5 厘米。盆口微敛,宽折沿,圆唇,扁圆体,折腹内收,平底。器表磨制光滑,用黑彩在上腹部绘出单体鱼三尾,构成连续带条形图案。鱼圆目,巨口,露齿,扬鳍,神态生动,反映了先民与渔猎生活的密切关系。鱼纹是半坡类型陶器上的突出纹饰,有单体、复体、张口、闭口之别,表现手法十分丰富。

（三）黑陶

黑陶指光亮漆黑的陶器。在烧制后期用浓烟熏窑，烟中的碳微粒渗入陶器的空隙之中，使其呈黑色。黑陶中有的器壁像蛋壳一样薄，被称为"蛋壳陶"，十分珍贵。

代表作品：黑陶鸬鹚壶、黑陶瓿、黑桃盉。

"黑陶鸬鹚壶"，龙山文化时期陶器。器高31.5厘米。此壶鱼鹰形，长嘴，长颈，大肚，很有特色。鱼鹰学名鸬鹚，是人类

造型有趣的陶器

最早驯养的捕鱼鸟类之一，在中国东南和华中一带很普遍。

"黑陶觚"，龙山文化时期陶器。河南省禹县瓦店出土，现藏河南省文物考古研究所。器高29厘米，口径8.4厘米。敞口，沿外卷，圆唇，细长颈，扁方棱体腹，小平底，微内凹。下部为细长腰喇叭形座。此器颈与座分别饰数周弦纹。器表涂有一层黑色陶衣，打磨光滑，漆黑发亮。壁薄而轻，制作精湛，造型别致，为龙山文化中罕见的蛋壳黑陶器。

"黑陶鬶"，龙山文化时期陶器。河南省禹县瓦店出土，现藏河南省文物考古

黑陶觚

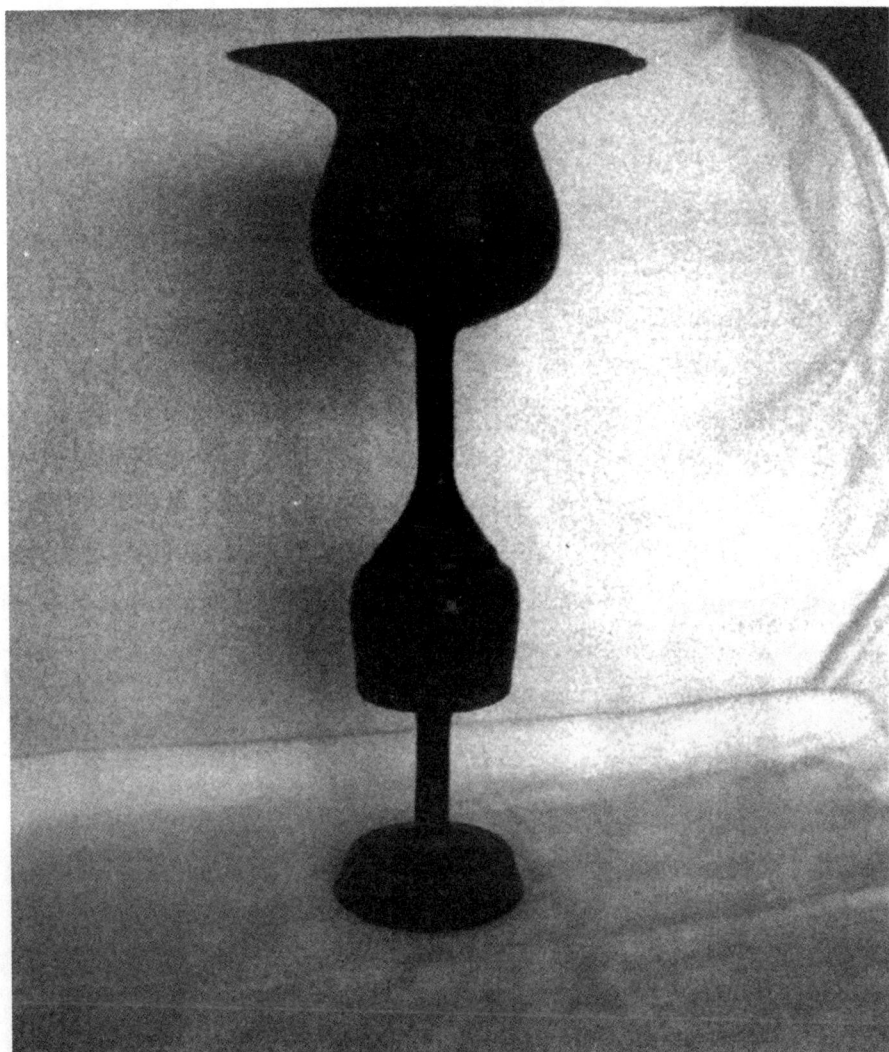

研究所。器高 21.5 厘米，口径 6 厘米。敞口内敛，圆唇，口沿前有一管状流，流与口相接处有一联钮。长颈内收，溜肩，斜圆腹，大平底，有三个矮足。与流相应的口沿后部与肩之间有一扁体拱形鋬。器壁薄体轻，器表涂有一层细泥黑色陶衣，

打磨光滑发亮。此器造型奇特，制作工艺
精湛，为蛋壳黑珍品。

（四）灰陶

灰陶指陶器为灰色。在烧窑后期，控
制火候，形成还原气氛。由于窑中缺少氧
气，陶土中铁的氧化物转化为二价铁，陶
器便呈灰色了。灰陶最为常见，一般都比
较粗糙。

"夹沙灰陶袋足鬲"，龙山文化时期
陶器。器高34.5厘米。鬲为古代煮水器物，
早期为实心足，中期以后将足部改为中空，

龙山文化灰陶遗存标本

以增加容量并提高热交换效率。早期袋足
鬲较小，多为泥质红陶。晚期体型增大，
为增强强度，多采用夹砂灰陶制作。

"刻纹灰陶尊"，龙山文化时期陶器。
1989年2月于陕西省米脂县出土，现藏
陕西省历史博物馆。器高21.7厘米，口
径17.3厘米。尊体呈束腰圆筒状，外表
刻怪兽，头躯扁长，通体遍生鳞甲，前两
足三趾，后两足五趾。又刻点心圆五枚，
怪兽与点心圆以两组不规则斜线相隔。

"灰陶篮纹鼎"，夏代陶器。河南省
淅川县下王岗出土，现藏河南省博物馆。

龙山文化陶罐（上）、陶斝（下）

龙山文化白陶鬶

器高 29 厘米，口径 25.5 厘米。敛口，宽折沿，圆唇，深腹圆鼓，圆底，3 个扁棱形足。足外棱捏制锯齿纹，器表拍印斜横绳纹。

（五）白陶

白陶是指表里和胎质都呈白色的一种陶器。它是用瓷土或高岭土烧制成的，烧成温度在一千度左右。白陶是中国最早采用瓷土制作的陶器，因受当时烧制技术限制，未能达到完全瓷化的要求。

"白陶鬶形壶"，龙山文化时期陶

白陶几何云雷纹瓿

器。器高 18.8 厘米，底径 6.7 厘米。此壶造型似平稳站立之鸮，尖喙向前上方伸出，有眼，鼓腹为容器，底足为喇叭形。

"白陶几何云雷纹瓿"，商代陶器。河南省安阳市出土，现藏故宫博物院。器高 20 厘米，口径 18.5 厘米。敛口，卷沿，圆唇，短颈，深腹，下部圆鼓，圆底，圈足。器颈部饰两周夔纹带条，腹部饰凸起的三角纹、方框纹和凹下的细线云雷纹、曲折纹。此器胎质洁白细腻，器型端正，制作精工，装饰华丽。纹饰线条粗细结合，刚劲有力，富于装饰效果，可与同期的青铜器相媲美。

（六）彩绘陶

彩绘陶也是带彩色的，但和彩陶不同。陶器烧成后再着色者为彩绘陶。由于颜色没有经过焙烧，与坯体粘结不牢，极易脱落。西安出土的秦始皇兵马俑即彩绘陶。

代表作品：秦始皇兵马俑。

"秦始皇兵马俑"，秦代陶器。秦始皇陵共有三个兵马俑坑，呈品字形排列。

秦始皇陵兵马俑

中国古代陶器的分类及代表作品

秦始皇陵兵马俑本为彩绘，如今
仅剩残迹

陶俑刚出土时局部还保留着鲜艳的颜色，出土后由于空气干燥，颜色慢慢脱落了。现在能看到的只是残留的彩绘痕迹，而当年的兵俑个个都有鲜艳和谐的彩绘。陶俑的战袍上绘有朱红、橘红、白、粉绿、绿、紫等色，裤子绘有蓝、紫、粉紫、粉绿、朱红等色，甲片多为黑褐色，甲组和连甲带多为朱红色，一部分甲组、连甲带绘成紫色。陶俑的颜面及手、脚面均为粉红色，表现出肌肉的质感。秦俑面部的彩绘尤为精彩，白眼角，黑眼珠，甚至连眼睛的瞳孔也彩绘得活灵活现。陶俑的发髻、胡须和眉毛均为黑色。每个陶俑的整体色彩均

极绚丽和谐。

（七）硬陶

硬陶的胎质比一般泥质或夹砂陶器细腻坚硬，烧成温度比一般陶器高。因在器具表面拍印以几何形图案为主的纹饰，所以统称"印纹硬陶"。

代表作品：印纹硬陶瓮、几何印纹四系硬陶瓿。

"印纹硬陶瓮"，西周陶器，现藏衢县博物馆。器高30.5厘米，口径22.1厘米，底径27.2厘米。小口外侈，低领，圆肩，深腹圆鼓，平底。此器造型庄重，装饰华丽。颈部饰弦纹，肩与腹拍印密集的小方格纹。

灰陶上饰有细纹

系实用的印纹硬陶瓮。

"几何印纹四系硬陶瓿",西周陶器。江苏省句容县浮山果园出土,现藏南京博物院。器高21厘米,口径21厘米,底径14.5厘米,腹径20.5厘米。小口,直领,圆溜肩,扁圆腹,假圈足。肩与腹之间的四周有4个对称的竖耳。此器胎质坚硬,造型秀丽,装饰美观,通体满饰席纹。

(八)釉陶

釉陶是指陶器表面有一层石灰釉的陶器。釉的主要成分是氧化硅、氧化铝、氧化钙、氧化钠等，用石灰加黏土配制，烧融后呈玻璃状。在釉中若再加进一些金属氧化物如氧化铜、氧化钴等，焙烧后就会出现绿、蓝等色。唐三彩就是釉陶的一种。

"釉陶雁"，汉代陶器。陕西省西安市郊区出土，现藏陕西省历史博物馆。器高17.8厘米，宽22.5厘米。立姿，两足开立，昂首，鼓目，直视前方。此器周身施绿釉，塑造手法简练传神，栩栩如生。

卧姿红釉陶犬

"卧姿红釉陶犬"，汉代陶器。此犬竖耳倾听，鼓目张望，吻部较长，面部棱角分明，嘴巴半张，牙齿尖利，长颈竖起，爪部有三道凹沟，刻画传神，有如真犬，极有概括力。

"虎形座釉陶博山炉"，东汉陶器。2004 年出土于洛阳市东汉墓葬。通体施酱黄色釉，红色陶胎，胎质极硬。底座为浮雕虎，作侧回头咬盘柱状，背驮柱盘。盘柱中部浮雕菱形纹样。炉上部为镂空浮雕执钺力士、豪猪、凤、虎、蛇等组成的

虎形座釉陶博山炉

山峦炉盖。其中力士左手按住豪猪颈部，右手执钺举过头顶，怒目圆睁，正欲砍向豪猪。炉盖顶端为两只相互叠压、撕咬的老虎。此器造型精致，场面紧张激烈，为陶器珍品。

"铜川窑三彩陶马"，唐代陶器。1957年于陕西省西安市鲜于庭诲墓出土，现藏中国历史博物馆。器高54.6厘米，首尾长54.5厘米。此马立于长方形板座上，昂首，侧视，张口。马身全白，颈鬃上剪有三花，额顶立一缨饰。鞍上披深绿

唐三彩陶马

中国古代陶器的分类及代表作品

唐三彩陶马

色绒毯式障泥，两侧垂至腹下。胸前股后络以鞅和鞦等皮带，均为绿色。胸前带上饰有金铃，铃间系有带黄点的蓝色流苏。后鞦两侧各饰杏叶垂饰五枚，带交于尻上，交结处饰有杏叶垂饰四枚，皮带上饰有黄色花朵。头上辔饰俱全，口内衔勒，嘴角带有角形镳，笼头上装饰与鞅、鞦相同。此马形象端庄，装饰华丽，制作精美，是唐三彩中的珍品。

三 中国古代陶器史

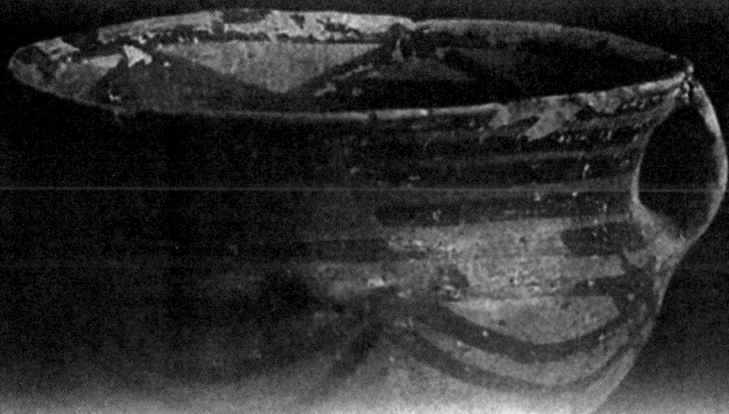

（一）先秦陶器

一万多年前的旧石器时代晚期，我们的祖先就能够制造陶器了。在新石器时代晚期及青铜时代早期，各地均有精品陶器产生。

红陶在中国出现最早，烧制温度在900度左右。黄河流域距今8000年的裴李岗文化时期和距今5000年的仰韶文化、大汶口文化时期，都以红陶为主。如"红陶实足鬶"为大汶口文化时期陶器。1959年于山东省泰安县大汶口出土，现藏山东省博物馆。高22.8厘米，口径6.6厘米。此鬶以夹砂红陶制成，细高颈，

大汶口文化红陶兽形壶

灰陶三足盘

口部捏制成扁浅流，溜肩，圆鼓腹，中部接缝处棱脊明显，小平底下有三个三角形实足，颈腹间装一绳形把。器表磨光，并施加一层红色陶衣。陶鬶属温水器，陶质内夹砂更能增加耐高温性。此鬶胎体厚重，有三角形实足，为陶鬶的早期形式，对研究大汶口文化陶鬶的发展和演变具有重要意义。

灰陶在新石器时代早期斐李岗文化遗址中已经出现，仰韶文化、龙山文化时期都有一定数量的灰陶，特别是用于蒸煮的器皿多为夹砂灰陶。到夏代（二里头文化早期）时，灰陶已占据主要位置，如"灰陶三足盘"，郑州洛达庙遗

彩陶人头形口瓶

址出土，现藏河南省文物考古研究所。器高13厘米，口径20.8厘米。敞口，沿外卷。浅腹直壁微内凹，平底。三个宽瓦状足，足底外侈，有凸出宽棱，足表饰两周弦纹。通体磨光，为二里头文化典型陶器之一。

距今4000—6000年间的仰韶文化时期的彩陶纹饰活泼生动，器表光滑平整。如"彩陶人头形口瓶"，于甘肃省秦安大地湾出土，现藏甘肃省博物馆。器高31.8厘米，口径4.5厘米。人头形瓶口，细长微鼓腹，平底。瓶口作人头状，前额留整齐短发，目、鼻、口、耳显著，面部清秀酷似少女。瓶身用黑彩绘出，由连续的弧形三角纹、挂叶纹与斜线组成的三周图案，整器如少女身着彩衣，亭亭玉立。构思巧妙，工艺精湛，为仰韶文化时期陶器中的珍品。又如"彩陶钵"，于河南省郑州市出土，现藏河南省文物考古研究所。器高17厘米，口径22.5厘米，底径2.8厘米。敛口，方圆唇，圆肩，深腹微内收，小平底。在口部、肩部与上腹部先涂一层白色陶衣，然后用红彩

彩陶钵

黑陶高足豆

在口部绘出小方格纹带，在肩部与腹部绘出三角纹，从而呈现出红白两色鲜艳醒目的白色叶状纹与月形纹。造型庄重，为仰韶文化彩陶珍品。

龙山文化时期以黑陶数量最多，特别是素面磨光黑陶最具特色。这种黑陶器壁薄如蛋壳，修胚均匀，显示出工匠的高超技艺。如"黑陶高足豆"，1960年于山东潍坊姚官庄出土，现藏山东省博物馆。器高18.3厘米，口径28厘米，底径19厘米。折沿浅盘，外装两贯耳，盘底下凹，高圈足作竹节状装饰，下口外撇。整器造型庄重，制作规整，器表施黑色陶衣，磨光后油黑莹润，体现了龙山文化陶器乌黑

光亮的特点，堪称黑陶代表作。又如"黑陶罍"，1974 年于山东胶县三里河出土，现藏中国历史博物馆。器高 22 厘米，口径 13.3 厘米。直口，长颈，肩上有对称的环耳和鼻钮。深腹急敛，底微侈。盖似覆碗，顶端有半环钮。颈、肩、腹均饰弦纹。此罍渗碳均匀，打磨光滑，黝黑铮亮，轮制规整，堪称黑陶中具有代表性的珍品。

夏代陶器以灰陶为多，黑陶次之，红陶已极少见，还有少量白陶。主要器形有作炊器的鼎、甑、罐，作食器的豆、簋、钵、盘，作饮器的觚，作盛器用的盆、瓮、缸等。纹饰主要是篮纹、方格纹、绳纹，还

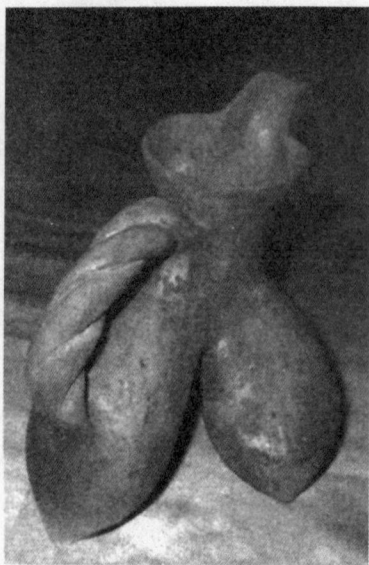
龙山白陶鬶

有一些素面磨光或在磨光陶器表面拍印的回纹、叶麦纹、涡纹、云雷纹、圆圈纹等。夏代陶器盛行在器表加饰数周附加堆纹、划纹、弦纹。夏代陶器造型方面的特征是折沿平底、三底足、圈足为主，圆底器比较少见。夏代陶器在烧制工艺上有所进步，出现了能产生更高温度的馒头窑：窑室呈圆形弧壁，并向上逐渐收敛，封顶隆起，形似馒头。馒头窑可以提高陶器的烧成温度，使陶器的质量得以提高。

白陶是指表里和胎质都呈白色的一种陶器。它是用瓷土或高岭土烧制的，烧成温度在 1000 度左右。白陶基本上都是手制，以后也逐步采用泥条盘制和轮制。白陶出现于龙山文化晚期，商代为鼎盛时期。商代后期，白陶大量出现，安阳殷墟出土数量最多，制作相当精美。如"白陶鬶"为龙山文化时期陶器，于山东省潍坊市出土，现藏山东省博物馆。高 29.7 厘米，直口外侈，口前有斜向上伸出的凹槽形流。长颈，扁圆形腹。颈与腹后部之间有索形鋬，下有三个袋状足。此器通体磨光，流口两侧各饰一乳丁纹，腹顶部饰条纹与乳丁纹。此器形似昂首立兽，制作精湛。

商代陶器在烧成工艺上有很大提高，

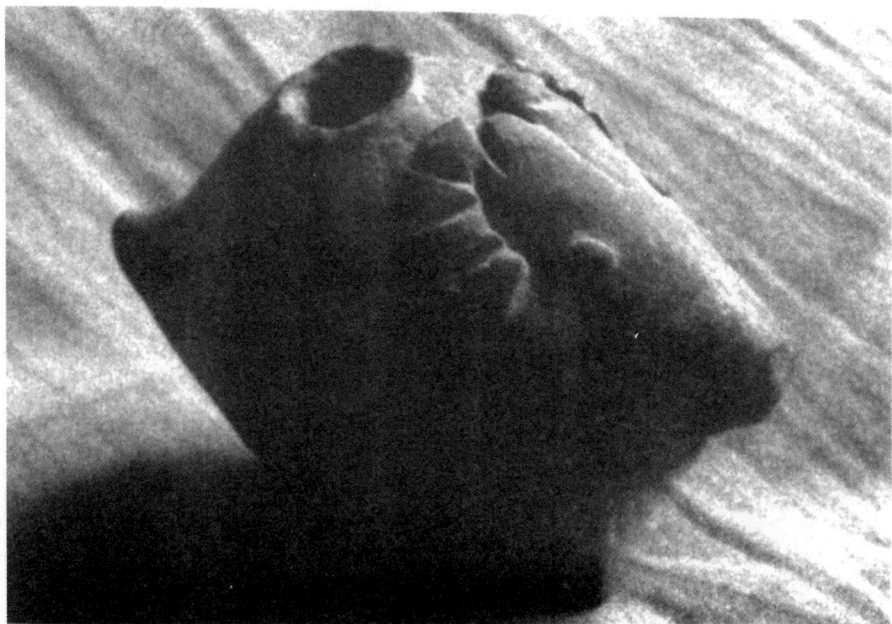

出现了一种比馒头窑更为先进的龙窑。这种窑一般依山势建在山坡上，窑身呈长条形倾斜砌筑，形似一条龙从山下攀缘而上，故名龙窑。龙窑比馒头窑有多种优点：因依山而建，呈倾斜向上状，窑炉本身有自然抽力，窑炉火势大，通风力强，升温快；可根据生产需要和技术条件，增加窑的长度，从而提高窑的装烧量；比较容易维持窑内的窑炉气氛。这使商代陶器有了很大的发展，开始了我国由陶到瓷的过渡，诞生了我国最早的瓷器——原始青釉瓷器。

西周时期，由于硬陶和原始瓷器的烧制与使用，白陶不再烧造了。

硬陶的胎质比一般泥质或夹砂陶器细腻坚硬，商代硬陶在黄河中下游地区和长江中下游地区都有发现。西周是硬陶发展的兴盛时期，其胎质原料根据化学组成分析，基本接近原始青瓷。硬陶所用原料含铁量较高，胎色较深，多呈紫褐、红褐、黄褐和灰褐色。战国时期硬陶主要盛行于长江中下游地区及南方的福建、台湾、广东、广西等地。如"印纹硬陶罈"为西周陶器，于江苏省金坛县鳌墩出土，现藏镇江市博物馆。器高46.5厘米，口径20厘米，底径22厘米。小口，低领，圆肩，深腹略鼓，平底。此器造型庄重，装饰朴素，通体满饰密集近似小方格的布纹。又如"硬

印纹硬陶坛

陶印纹双耳豆"，西周陶器，于福建省闽侯县鸿尾黄土仓出土，现藏福建省博物馆。器高 22 厘米，口径 7 厘米。敛口，低领，宽折肩，扁圆腹，口沿与折肩间有两个对称贯耳，下部为高柄喇叭形座，柄部中间又凸出一周折棱。器表满饰云雷纹，口沿与贯耳相接处加饰对称的卷云形泥条，附加堆纹两个，耳面又饰数周平行竖弦纹，肩部还饰有双线曲折纹与三角线纹。

（二）汉代陶器

汉代出现了一种在釉料中加入助熔剂——铅的釉陶，又称"铅釉陶"。铅釉

绿釉陶壶

陶的制作很成功，是汉代制陶工艺的杰出成就。釉料中加入铅，可以降低釉的熔点，还可使釉面增加亮度，平正光滑，使铁、铜着色剂呈现美丽的绿、黄、褐等色。如"酱黄釉陶奁"，高18厘米，口径18.6厘米。圆柱形，盖突起，上有三个等距离螺形钮，底部有兽蹄形三足。此器以酱黄色为底衬，阴刻弦纹，并用绿彩绘出卷云纹。纹饰流畅，色彩绚丽，制作精美，极具欣赏价值。奁是古代盛放梳妆用品的器具，《说文》称为镜奁。汉代墓葬出土较多，有圆形、方形、长方形多种。豪华者里面还置有若干小奁，如马王堆一号墓出土的"九子奁"。

又如"绿釉陶壶"，高47.6厘米，口径18.3厘米，底径18.7厘米。灰陶胎，橙黄陶衣。敞口，束颈，鼓腹，平底假圈足。口至腹以黑、朱彩间隔，填锯齿纹、波状纹、三角云纹。腹间阔大，饰流云纹，云中有斑虎、神兽，古朴端庄。汉代人笃信天人感应、灵魂升天，云中神兽即灵魂升天时乘坐的工具，体现了汉代人的心态和审美观念。

汉代的铅釉陶最初发现于陕西省汉武帝时期的墓葬中，是目前所见最早的釉陶。汉宣帝时期，釉陶逐渐增多。到东汉时，釉陶风行一时，在汉朝境内都有使用。

目前，黄河流域及湘江、赣江以北地区的汉墓中均有铅釉陶出土。这些铅釉陶全是殉葬品，器型有楼阁、作坊、井、仓、鼎、盒、灶、奁、磨、壶及牲畜圈舍等。

汉代铅釉技术的发明，为唐三彩的出现开辟了道路。

公元 25 年，刘秀重新建立起汉朝的统治。其后经过十年左右时间，一一消灭了各地割据势力，完成了全国统一的大业。因他建都洛阳，历史上称他所建的汉朝为东汉。

为了巩固统治，刘秀多次下诏释放官私奴婢，下诏检查垦田与户口实数，使西汉后期极其紧张的土地问题和奴隶问题得到部分解决。刘秀不断调整经济政策，发展生产，与民休息。东汉的农业和手工业水平都有一定程度的提高，科学技术也有了发展。陶瓷行业也出现了一个重要的变化，由原来同窑合烧以陶为主兼烧原始青瓷，逐步发展为分窑烧制，以烧原始青瓷为主，陶器为辅，使原始青瓷摆脱了原始性，发展成为成熟的瓷器。东汉成熟瓷器的烧制成功是中国陶瓷史上的重要里程碑。

汉代说唱俑

北齐陶牛车

东汉后期，瓷器大兴，陶器退居二线，多用作明器，也就是随葬品了。

（三）三国魏晋南北朝时期的陶器

三国魏晋南北朝是中国大分裂时期，也是各民族大融合的时期。这一时期的陶器以明器为主。

在出土遗物中，三国两晋时期陶俑较少，制作简陋，人物呆滞，艺术水平不高。但这一时期出现了一些新的陶器造型，如牛车、武士俑及少数民族形象的陶俑。

南北朝时期，陶俑艺术水平有所发展，特别是北朝的陶俑，在继承前代陶塑工艺精华的基础上，吸收了外来文化与各少数民族文化的特点，表现内容丰富，形式多样，尤其注重对人物表情的刻画，因而具有很高的艺术水平。从出土的人物俑和动物俑来看，多是北朝新出现的造型，形象逼真，姿态各异。如"彩绘陶牛车"，1965年于洛阳市老城盘龙冢元邵墓出土，现藏河南省洛阳市博物馆。北魏贵族以乘牛车为时尚，此车长40厘米，高23厘米，牛长19厘米，高16.6厘米。车盖呈圆拱形，前后伸出长檐。车厢两侧各刻一窗，车厢前镂空成棂格，车厢后开有小门。辕驾牛颈之上。牛呈立状，强壮有力。牛头辔饰革带交结处共有六枚圆泡饰。牛身络以革带，交结处附有圆泡十二枚，竖带一端有流苏下垂。陶牛及牛车、车轮、辐条、双辕和车身均饰朱彩，显得富贵豪华。

北朝还出现了陶塑的镇墓兽。这是当时人们想象中的动物，认为放于墓中有镇恶避邪的作用。如"陶镇墓兽"，1965年于洛阳市老城盘龙冢元邵墓出土，现藏河南省洛阳市博物馆。器高12.5厘米，人首兽身，呈蹲坐状。怒目圆睁，面部狰狞，头生独角，背长长刺，前肢上部两侧长毛拳曲如翼，上施朱彩。

陶镇墓兽

南朝帽形髻女俑

形状怪诞，表现了陶工的丰富想象力。镇墓兽是古代较为流行的一种随葬品，用以守卫墓门。早在战国墓中就已出现木雕、漆绘的镇墓兽，但它作为陶塑明器则从北朝开始。洛阳北魏墓中出土的陶镇墓兽造型可怖，具有不可抗拒的威慑力。

南朝的陶俑也颇具特色，如南京象山出土的陶跪俑和光头俑，制作精致，形象具有南方人的特点；广西南朝墓出土的武士俑着尖顶帽，手持兵刃，造型简朴生动。南朝陶俑最具特色的是服饰与女俑发髻的变化：头冠越来越高，衣襟越来越大，双袖几乎垂至足面。这是南朝女俑的特点，也是其时代特征。如"女陶俑"，1960年于南京市西善桥南朝墓出土，现藏南京市博物院。器高37.5厘米，眉目娟秀，削肩细腰，具有南方妇女的特征。塑造比例相宜，造型生动。头梳高髻，两鬓掩面，束腰长裙，微露足尖，内有中衣，宽袖及手。这是研究我国古代发式和服式的实物资料。此俑面带微笑，拱手而立，温柔和顺，表现出明快细腻的雕塑艺术手法，为研究我国古代雕塑艺术提供了实例，堪称绝代佳作。

彩绘陶房

（四）隋唐陶器

　　隋代文化是中国文化经过长期酝酿开始进入鼎盛时期的序曲。隋代陶器以白土陶胎敷青白色釉的作品为多，彩绘陶已很普遍，男女乐俑及驼马的造型十分生动，建筑也十分逼真。如"安阳窑彩绘陶房"，1931年于河南省洛阳市出土，现藏河南省博物馆。器高76厘米，面阔53.3厘米，进深65.3厘米。面阔三间，九脊翠檐，歇山顶，施红、黄、蓝彩绘。正面明间辟门，次间开直棂窗，窗上有对称的木刻佛像，跏趺坐于菩提树下。其他三面为实榻大门，门扉上均有门钉、铺首和鱼形拉手。有檐柱、角柱、斗拱，楣上置阑额、挑拱以承房顶。房顶正脊两端置鸱尾，垂脊与敛脊前端饰虎头。房顶有叠瓦脊。此房为佛教殿堂，与日本同时代的法隆寺金堂大殿、五重塔等建筑相似，反映了隋代建筑的风貌，也是中日文化交流的物证。

又如"彩绘执箕女陶俑"，1959年于河南省安阳市豫北纱厂张盛墓出土，现藏河南省博物馆。器高16厘米。白陶，模塑。头梳平髻，后脑插梳。身着窄袖长裙，裙腰高束胸际，裙带下垂，裙呈伞式辐射，铺于地面。女子双手持箕，俯首劳作，再现了隋代劳动妇女加工粮

隋代白釉捧罐陶女俑

食的可爱形象。又如"巩县窑白釉捧罐陶女俑",上海博物馆藏。器高26.5厘米,发髻高耸,形体修长,脸型瘦削,面带微笑,十分秀美。右手前弯,左手捧一小罐,神态安祥。通体施白釉,釉色微闪青光。造型优美,线条流畅,反映隋代制陶技巧之高超。

唐代是中国文化发展的全盛期,中外往来频繁,文化交流广泛,制陶工艺发展迅速。最能表现盛唐气象的是唐三彩釉陶。

唐代由于社会稳定,经济发展,特别是开元盛世,盛葬之风空前高涨,为彩绘俑的发展创造了条件。在这种社会背景下,唐代明器数量激增,制作极为考究,艺术水平达到了历史的顶峰,其杰出代表就是唐三彩。

唐三彩是一种多色彩的低温釉陶器,以细腻的白色黏土作胎料,用含铅、铝的氧化物作熔剂,用含铜、铁、钴等元素的矿物质作着色剂,其釉色呈黄、绿、蓝、白、紫、褐等多种色彩。但许多器物多以黄、绿、白等三色为主,甚至有的器物只具有上述色彩中的一种或两种,人们统称之为"唐三彩"。如"铜川窑三彩陶马",1957年于陕西西安鲜于庭诲墓出土,现藏中国历史博物馆。器高54.3厘米,首

唐三彩人物俑

尾长 53 厘米。形态生动，头微向左，侧视而立。身为橙黄色，颈部兼有白色斑纹，颈部鬃毛梳理整齐，并剪一花，作棕黄色，微透白色。四蹄两黄两白。背上置鞍，垫鞯两层，上披一绿色薄毯，两端各系一结。马胸前和股后均络以皮带，带上饰以八瓣花朵，两侧各有杏叶形花式垂饰三枚，口内衔勒，两侧戴有角形镳，笼头上与胸鞍、后鞯皮带上的装饰相同，鼻和额上各垂一杏叶形花饰。此器鞍勒辔饰等马具俱全，是研究唐代马具装备的实物资料。

又如"巩县窑彩色釉陶骑马男俑"，上海博物馆藏。器高 39 厘米，一男子端

精美的唐三彩

坐马上，除头、颈及手为彩绘外，周身均施彩色釉，黄衫，绿襟，黑靴。马身施褐釉，间饰绿釉，四足及底板施白釉。人物和马的塑造、刻画十分细致，造型生动逼真，达到了极高的艺术水平，堪称唐代彩色釉陶的上乘之作。

又如"三彩西瓜"，高18厘米，色彩鲜艳，绿光闪闪，有如翡翠，几可乱真。又如"三彩骆驼载乐俑"，唐代陶器。此器题材新颖，形象鲜明，用骆驼载乐俑体现了我国盛唐时期艺术的繁荣和中西方文化交流的盛况。骆驼引颈望天，四肢强劲有力，颈上和腿上的驼毛梳剪整齐，呈酱黄色亮釉。身施乳白色釉，脸部加绘酱黑色线条，睛点黑色，眼角加朱色。背有双峰，为巴克利亚种双峰驼。背垫厚毯，下垂遮腹，上为平面，呈椭圆形。毯面饰条形图案，上涂釉，绿、白、黄、褐相间，周缘刻划绿色垂丝，近毯边处有绘白色联珠纹的黄带。驼背用作舞台，有乐舞俑五人，四人分坐两侧为弹奏乐师，手抱乐器演奏。中立歌舞俑，体格健壮，面视前方，正在舞蹈。整个骆驼载乐俑塑造传神，栩栩如生，是一件陶雕珍品。

唐三彩创烧于唐高宗时期，大盛于开元年间，安史之乱后日趋衰落。宋辽时

唐三彩南瓜

期虽也烧制三彩陶器，但各方面都无法与唐三彩相媲美。不过偶尔也有个别精品问世。

（五）宋辽元明清时期的陶器

宋元至明清，陶器生产锐减，但各代均有特殊品种，如宋三彩、宋紫砂壶、辽三彩、明清紫砂壶、琉璃、珐华等，反映了古代劳动人民的技巧和智慧。

宋三彩的釉色以黄、绿、褐三色为主，还有白釉、酱釉等。器型以日用的盘、碗、盆、瓶、枕、灯、香熏等为主，还有小型的狗、马、猪等玩具。如"宋三彩陶龙"，高14.9厘米，宽8.3厘米，长22厘米。一龙立于座上，翘首，似在仰天长啸。背与尾锯齿形，背曲，尾下垂。此龙无张牙舞爪之态，极具人性化。

紫砂壶源于宋代，紫砂陶器为宋代开创的杰作，出土多为碎片，但古墓中也有整器出土。如"紫砂提梁壶"，1966年4月于南京中华门外马家山油坊桥明嘉靖吴经墓出土。壶通高17.7厘米，口径7.4厘米，底径7.1厘米。壶盖较大，反面用十字形泥条起固定作用。早期的紫砂壶供煮水之用，做工粗糙，变化很少。吴经系明代嘉靖年间的司礼太监，墓中这件殉葬壶纯系紫砂胎质，

宋三彩龙

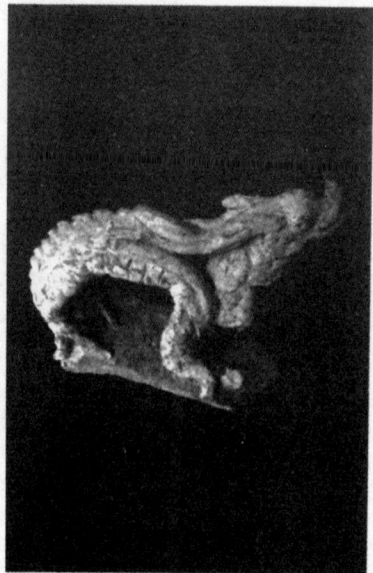

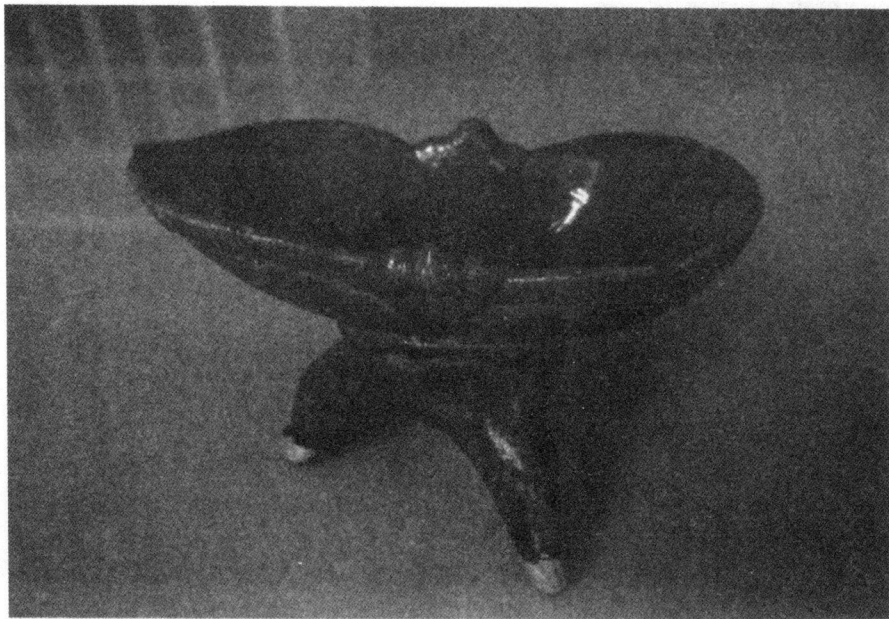

辽三彩爵

造型规范。经考证鉴定，此件提梁壶为宋代作品，与宜兴羊角山宋代古窑址出土的紫砂陶壶残片对比，是一脉相承的。其泥料质地、烧成工艺和火候、制作技法完全一致。

辽三彩具有北方游牧民族的独特风格和地方特色，胎质松软粗糙，呈淡红色，制作时一般要施白色的化妆土，再上釉烧制。釉色以黄、绿、白为多，有单彩、双彩和多彩的器物，器型都带有鲜明的契丹民族特色。如"缸瓦窑三彩釉印花陶扑满"，内蒙古自治区赤峰市松山区出土，现藏赤峰市博物馆。器高5.8厘米，腹径8.2厘米。圆形，分体制作，上下

辽三彩鸳鸯壶

对接而成。中空，平底，微凹。顶部正中有一直径为0.2厘米的小孔，距小孔2厘米处有一菱形孔，长1.8厘米，宽0.8厘米。胎质较粗，釉色黄绿相间。器身装饰印花缠枝菊，分三组以弦纹间隔，顶部正中叶纹微卷，腹与腹下花纹呈半开放状。此器风格古朴典雅，为辽代三彩釉器中不可多见的珍品。扑满为存钱罐，是古时以陶土烧制的贮钱器。铜钱可以放入却无法取出，只能等过年时钱贮满了，才打烂陶罐拿钱消费。因钱贮满时打破，故名扑满。

"三彩鸳鸯壶"，辽代陶器。整器作鸳鸯状，嘴部中空为流，背负一莲花形小盆，为注水用，后有一半环形鋬。鸳鸯静静站立，神态安祥，生动传神，羽翼重叠密布，纹理清晰。此壶造型美观，令人爱不释手。辽三彩是承袭唐三彩传统的一种低温釉陶。这件三彩鸳鸯壶是契丹人的生活用具，制作十分精良。

明代明器以彩釉陶俑为主，内容多表现死者生前的显赫地位，如河北阜城廖纪墓出土的陶俑，表现墓主人生前出行的壮观场面，人俑多达百余件，有仪仗俑、侍从俑、牵马俑、抬轿俑等。

成都凤凰山明墓出土的仪仗俑多达三百余件，乐俑手持笛、鼓、箫、笙等乐器。除仪仗俑外，还有武士俑、文官俑、侍俑等共计五百余件。

除人俑外，还有大量的生活用具模型、家具模型及房屋模型。生活用具模型有提梁壶、环耳瓶、灯盏、高足杯、供器及供品等。家具模型有桌、椅、衣架、盆架、屏风、木箱、罗汉床、坐榻、枕、被等。房屋模型有厅堂、厨房、舞台、炉灶、卧室等。

明代陶俑形象逼真，反映出明代高超的雕塑水平和制陶技艺。

宜兴紫砂陶器在明清两代制作极为兴盛，成为中国最负盛名的陶器品种。宜兴紫砂陶始于北宋，盛于明清，闻名中外。宜兴紫砂陶器品种繁多，主要有壶、杯、瓶、盆、碟及各种人、兽雕塑工艺品。尤其是宜兴紫砂壶，造型淳朴雅致，融诗书画印诸多艺术于一体，人见人爱，具有独特的中华民族风格，堪称国宝，深受海内外紫砂陶爱好者和收藏者的青睐。

如"粉彩喜鹊登梅紫砂壶"，明代陶器。口径7.6厘米，高15.7厘米，宽20厘米。底足直径8.5厘米，款识为时大彬制，壶

喜鹊登梅紫砂壶

扁灯式紫砂壶

体绘粉彩喜鹊登梅，壶盖绘梅花。精美绝伦，堪称珍品。

又如"扁灯式紫砂壶"，通高9厘米，壶身鼓腹扁圆，圈把，短嘴独孔，盖和钮扁圆形。壶盖边缘的圈、沿口的圈和足圈三圈线条流畅，显得圆润自如。此壶清新如玉，雅致不俗，为清中期紫砂壶中之极品。

琉璃陶器和珐华陶器是明清时期流行于山西地区的低温釉陶器，也就是在器表涂上琉璃和珐华的陶器。二者都是低温三彩的衍生品种。琉璃在唐宋时很流行，明代进入全盛期。琉璃的釉和低温三彩的釉基本一致，用峥铁、铜、钴、锰等金属元素为着色剂。不同的是琉璃再配以石英料，以增加釉层的厚度。烧成的釉色有黄、绿、紫、蓝等。明代的琉璃制作有了很大发展，宫廷殿堂、陵墓寝宫、宗教庙宇等都用琉璃制品。山西的琉璃制品尤为兴盛，目前还存有大量的照壁、佛塔、屋脊、鸱吻、瓦当、香炉、狮子、牌位等琉璃制品。

"琉璃九龙壁"，高8米，厚2.02米，长45.5米。位于大同市区东街路南，建于明代洪武末年，是明太祖朱元璋第十三代王府前的照壁。壁上均匀协调地分布着

9条飞龙，两侧为日月图案。壁面由426块特制五彩琉璃构件拼砌而成。9条飞龙气势磅礴，飞腾之势跃然壁上。龙的间隙由山石、水草图案填充，互相映照、烘托。壁顶覆盖琉璃瓦，壁顶下面由琉璃斗拱支撑。壁底为须弥座，高2.09米，敦实富丽，上雕41组二龙戏珠图案。腰部由75块琉璃砖组成牛、马、羊、狗、鹿、兔等多种动物浮雕，生动活泼，多彩多姿。九龙壁金碧辉煌，气势磅礴，是明代琉璃陶器的代表作。

琉璃九龙壁局部

除建筑构件用琉璃制作外，明代宫廷还烧制琉璃盘、琉璃盒、琉璃缸、琉璃坛等器皿。

珐华又称法华。琉璃和珐华的主要区别是琉璃以铅作助熔剂，而珐华以牙硝作助熔剂。

明代的珐华有两种，一种是山西民窑生产的陶胎釉上彩器，另一种是江西景德镇生产的瓷胎仿制品。珐华的釉和琉璃几乎一样，仅把助熔剂由铅改为牙硝。山西的陶胎珐华是在素胎上勾勒出凸线花纹，再填以各色釉料后烧成。珐华的釉色浓艳，纹饰泼辣，质朴庄严，带有粗犷的北方风格，器物以花瓶、香炉、人像、动物等陈设陶器瓷为主。

法华陶镂雕人物罐

  "法华陶镂雕人物罐"，明代陶器。长治市博物馆藏。高 40 厘米，口径 17 厘米。直口，圆唇，沿外翻，丰肩，鼓腹，下收至底。腹壁为双层，外层镂雕，内层光素。腹上部雕祥云、仙鹤，中部为人物出行图，山石错落、树木繁茂。

  宋代至清代，陶器虽然不再是陶瓷业的主流，但是上述这些陶器精品，仍具有独特的艺术魅力，闪烁着熠熠光辉。

四　中国古代著名陶器

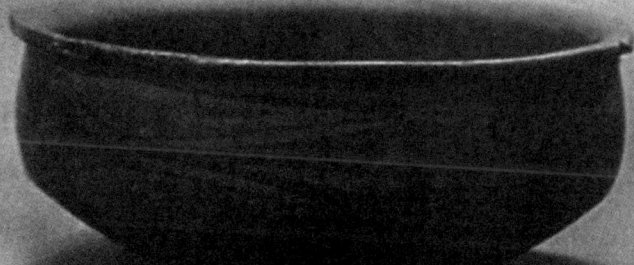

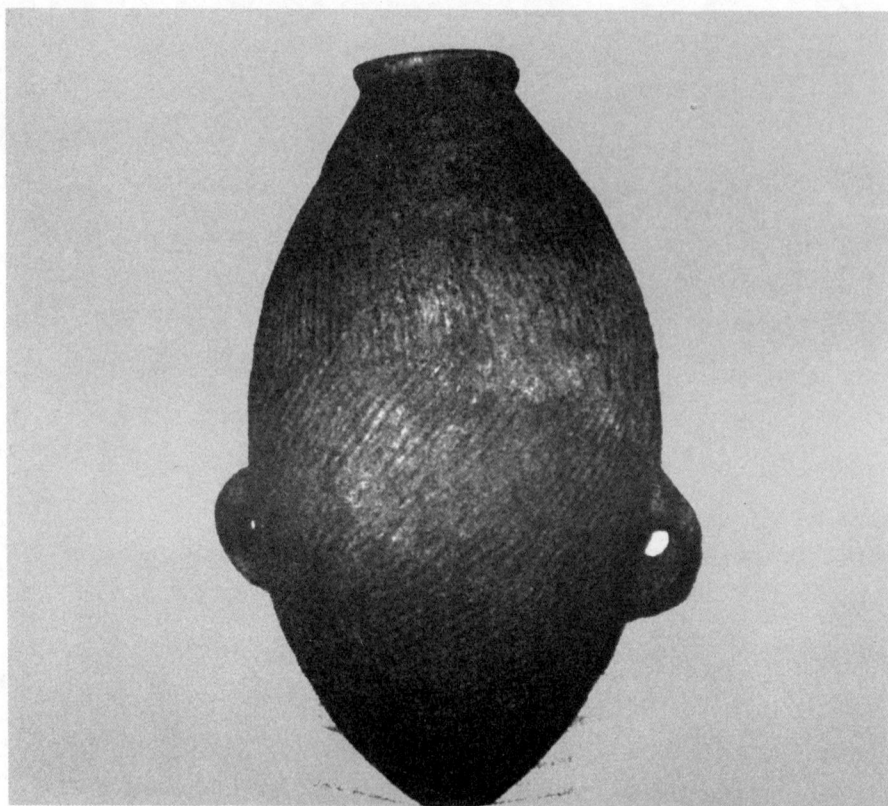

小口双耳尖底瓶

　　"小口双耳尖底瓶"，仰韶文化时期陶器。陕西省临潼县姜寨出土，现藏中国历史博物馆。器高54厘米，口径6.5厘米。砂质红陶，杯形小口，深腹中部圆鼓，尖底。腹部两侧各有一竖耳，可以穿绳。造型别致美观，器表满饰细线纹。此器为汲水器，实用性很强。

　　"彩陶鱼头纹钵"，仰韶文化时期陶器。1981年于甘肃省秦安县出土，现藏甘肃省文物考古研究所。器高8厘米，口径 14.8 厘米。上腹部用黑色绘两组变体鱼头纹，以鱼眼为中心，鱼头向左右两边对称展开，构成几何形的变体鱼头纹图案。此器纹饰为彩陶纹样中以鱼的某一部分表现鱼的示意性纹样。

"彩陶鹳鸟叼鱼缸"，仰韶文化时期陶器。河南省临汝县阎村出土，现藏中国历史博物馆。器高 47 厘米，口径 32.7 厘米。胎壁厚，器型大。敞口微敛，厚圆唇，深直腹略鼓，平底。器表涂一层红色细

彩陶鹳鸟叼鱼缸

半坡彩陶盆

泥陶衣，磨光。口沿下周饰有六个鹰嘴形钮，腹部用黑、白色绘出一只高大立鹳，鹳口叼一条大鱼。鹳的右边绘一件长柄石斧。

"彩陶双联瓶"，仰韶文化时期陶器。河南省郑州市大河村出土，现藏郑州市博物馆。器高20厘米，口径6.5至6.6厘米。两瓶并列，腹部相连，形制大小略同。均为敞口，长颈斜向内收，细长腹略鼓，平底，两瓶外侧各有一半环耳。腹部均施红色陶衣，绘多周黑彩弦纹，其间又分别填绘三竖道或三斜道的图案装饰带。此器造型别致，装饰朴素，为仰韶文化彩陶精品。

"半坡彩陶盆"，仰韶文化时期陶器。折沿，深直腹，圆底。口沿及外腹部均以黑彩描绘纹饰，口沿绘水波纹，腹部绘两层三角形几何纹，两层纹饰中三角形的大小及形状相同，但方向相反。这种三角形纹饰系由鱼纹逐渐抽象演变而来。

"黑陶觚"，龙山文化时期陶器。河南省禹县瓦店出土，现藏河南省文物考古研究所。器高29厘米，口径8.4厘米。敞口，沿外卷，圆唇，细长颈，扁方棱体腹，小平底微内凹。下部为细长腰喇叭形座。器

仰韶文化彩陶双联壶

表涂一层黑色陶衣，打磨光滑，漆黑发亮。颈与座分别饰数周弦纹。此器造型别致，壁薄而轻，制作精湛，为龙山文化罕见珍品，属蛋壳黑陶器。

"黑陶鬶"，龙山文化陶器。河南省禹县瓦店出土，现藏河南省文物考古研究所。器高17.8厘米，口径10厘米。小口，沿外卷，圆唇，口沿处有一个斜向上伸出的槽状流，后宽前窄。细直颈，折肩，直腹微内凹，平底。在器侧的腹部有一个扁体拱形鋬。此器壁薄体轻，表涂一层细泥黑陶，磨制光滑，造型别致，制作精湛，为龙山文化中罕见的蛋壳黑珍品。

龙山文化蛋壳陶残片

商代绳纹灰陶鬲

"灰陶饕餮纹簋"，商代陶器。河南省郑州市旮旯王村出土，现藏河南省博物馆。器高2.7厘米，口径28厘米，底径13.5厘米。直口微敛，沿外卷，圆唇，短颈，深腹略圆鼓，圆底，圈足。颈部有两个相对称的竖耳，并有两周凸弦纹；腹部饰一周饕餮纹带条。造型秀丽，装饰华丽，为商代具有代表性的陶器。

"灰陶饕餮纹罍"，商代陶器。河南省郑州市出土，现藏河南省博物馆。器高31厘米。直口，厚圆唇，长颈，折肩，深腹圆鼓，圆底，下附圈足。颈、肩、腹

西周灰陶瓶

与圈足表面均饰有弦纹，在上腹部的弦纹之间又印有饕餮纹带条一周。通体磨制光滑，造型秀美匀称，器表装饰华丽美观，形制与器表装饰和同期饕餮纹青铜罍基本相同，堪称商代陶器珍品。

"灰陶双耳壶"，西周陶器。云南省德钦县纳古出土，现藏云南省博物馆。器高13.9厘米，口径6.8厘米。直口，长颈，

深腹圆鼓，平底。口与下腹间有两个对称的弧形宽鋬，造型奇特。耳面与腹部饰有划纹和剔点纹。

"灰陶龙形提梁壶"，春秋陶器。江西省贵溪县出土，现藏江西省博物馆。器高 19.8 厘米，口径 7.2 厘米。小敛口，口上盖有平顶直壁带钮盖，折肩，浅扁圆腹，圆底，三个蹄形足，肩部前有一龙首流，相应后部有龙尾，中间有一拱形龙身提梁，提梁脊上饰有两段锯齿纹。此器造型奇特，通体磨光，系江浙地区春秋战国时盛行的提梁壶之精品。

"灰陶鸟形豆"，战国陶器。山西省长治县出土。器高29.5厘米。小口，扁圆腹，圆底，细柄喇叭形座。口部覆盖圆鼓面盖，豆盘一边塑一昂首鸟头，相对一边又塑一鸟尾，整器颇似一只大鸟昂首而立。此器造型新颖别致，形象生动活泼。

"白陶鬶"，龙山文化时期陶器。1960年山东省潍坊市姚官庄出土，现藏山东省博物馆。器高31厘米，口径8厘米。

灰陶鸟形豆

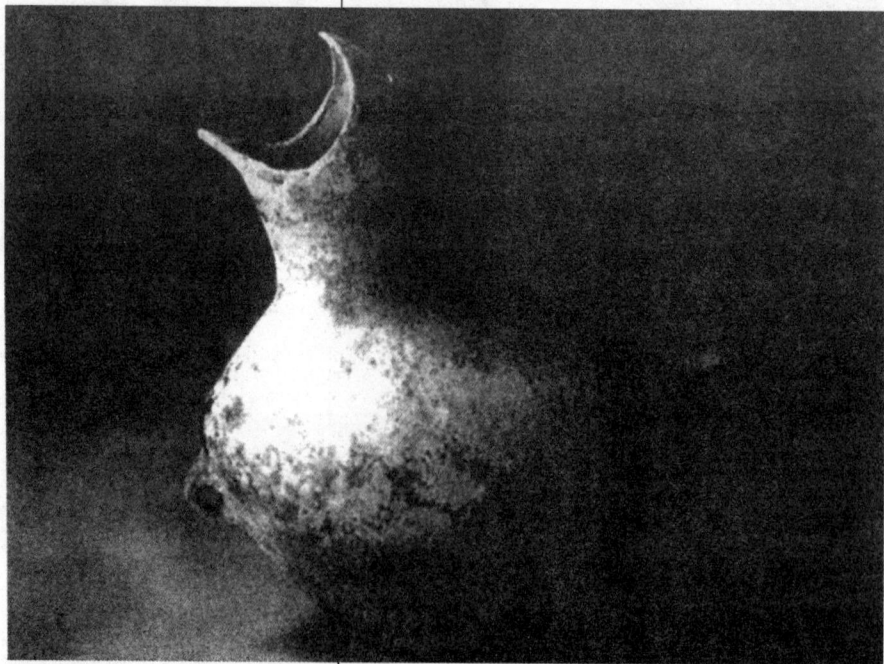

圆唇侈口，上覆钮盖，长流近口部被捏合起来，高颈下接三个袋足以代替鬲腹，颈至腹背装一扁鋬。流与口、鋬与颈、颈与腹交接处均粘有乳丁纹，既为装饰，又起加固作用。腹部有三道装饰性的凸弦纹。陶鬹属于温水器，袋足肥大，有利于增加容量和迅速加热。口侈流长，便于注水。此器造型独特，工艺精湛，具有很高的实用价值与观赏价值。

"白陶爵"，夏代陶器。登封玉村遗址出土，现藏河南省博物馆。器高19厘米，径9.5至6.3厘米。椭圆形口，前有凹槽流，后有短尾，细长腹内收，底近平，

夏代白陶鬹

白陶云雷纹豆

三锥状足。腹侧有一扁体拱形鋬。鋬面饰有连续人字纹。

"白陶云雷纹豆"，商代陶器。河南省郑州市出土，现藏中国历史博物馆。器高13厘米，口径22.5厘米。敞口微敛，折沿，圆唇，平底，喇叭口形圈足。盘表与圈足上、下部分别饰云雷纹带条，而圈足中部则饰相互接连的圆圈纹与内套的折角纹图案。此器胎质洁白，造型凝重，器表装饰华美，为商代晚期陶器珍品。

"白陶刻花尊"，商代陶器。上海博物馆藏品。器高35厘米，口径19厘米。敞口，颈部略鼓，深腹壁斜直，圆底，高圈足。上腹部饰有四周锯齿状附加带条纹，其间分别拍印夔纹与饕餮纹图案带条装饰；下腹部满饰拍印的双勾纹与云雷纹装饰。此器纹饰雕刻精细，装饰内容丰富，具有很高的工艺价值，表现出商代雕刻艺术的重大成就，堪称陶器珍品。

"硬陶回纹把手杯"，西周陶器。福建省闽侯县鸿尾黄土仑出土，现藏福建省博物馆。器高16厘米，口径15.8厘米。敞口，斜直壁，深腹，大圆饼状平底。此器造型稳重，装饰朴素。口与腹间有宽单鋬，鋬面刻竖条纹数道，腹部刻回纹与弦纹。

"硬陶印纹鸭形壶"，西周陶器。

福建省闽侯县鸿尾黄土仓出土，现藏福建省博物馆。器高16.5厘米，口径7厘米。造型别致美观，敞口，斜直壁，杯形口位于腹前部边沿处，折肩，扁圆腹，圆底内凹，口与肩之间有一拱形宽鋬，鋬面有数道平行弦纹，上端贴1—3个S形泥条，附加堆饰，并各有一个镂孔。与口相应的腹后部边沿处饰一卷云形尾钮，杯形口外壁饰回纹与弦纹，肩与腹部满饰云雷纹。

"印纹硬陶带鋬弦纹杯"，西周陶器。广东省番禺出土，现藏中国历史博物馆。器高12.4厘米，口径17.4厘米。直口微侈，颈略收，折肩，浅腹，平底，口沿与肩部之间有一扁体拱形耳。此器火候高，胎质细腻坚硬，击之可发出清脆金石声。造型美观，颈部饰数周平行弦纹。"硬陶瓿"，战国陶器。广西壮族自治区平乐县银山岭出土，现藏广西壮族自治区博物馆。器高6.5厘米，口径9.5厘米。敛口，沿外翻，低领，折肩，直壁，扁折腹，平底。此器肩部饰斜行纹条，底部刻有符号。

"秦始皇兵马俑"，秦代陶器。青

秦始皇陵兵马俑

秦始皇陵兵马俑展坑

铜时代晚期，奴隶主贵族用人及车马殉葬的旧俗逐渐消失，代之而起的是仿人、仿兽的木俑、陶俑等殉葬品。秦汉时期的陶俑以陕西临潼秦始皇陵秦俑坑所发现的兵马俑最为壮观，被誉为世界一大奇迹。

秦始皇兵马俑陪葬坑是世界最大的地下军事博物馆，布局合理，结构奇特，在深5米左右的坑底每隔3米架起一道东西向的承重墙，兵马俑排列在墙间空档的过洞中。秦陵内共有3个兵马俑坑，呈品字形排列。秦始皇一号俑坑呈长方形，东西长230米，南北宽62米，深约5米，总面积14260平方米，四面有斜坡门道。俑坑中最多的是武士俑，身高1.7米左右，最高的1.9米。陶马高1.5米左右，身长2米左右。战车与实用车的大小一样。人、马、车和军阵是通过写实手法的艺术再现。

秦始皇二号俑坑呈曲尺形，位于一号坑的东北侧和三号坑的东侧，东西长96米，南北宽84米，总面积约为6000平方米。坑内建筑与一号坑相同，但布阵更为复杂，兵种更为齐全，是3个坑中最为壮观的军阵，是由骑兵、战车和步兵、弩兵

秦始皇陵兵马俑展坑局部

组成的多兵种部队。二号坑有陶俑、陶马1300多件，其中有将军俑、鞍马俑、跪姿射俑。

秦始皇三号俑坑位于一号兵马俑坑西端北侧，与二号兵马俑坑东西相对，

秦始皇陵兵马俑是世界一大奇迹

绿釉陶井

南距一号坑 25 米，东距二号坑 120 米，面积约为 520 平方米，呈凹字形。门前有一乘战车，内有武士俑 68 个。3 号坑为总指挥部，负责统帅左、右、中三军。

兵马俑体现了我国古代劳动人民的智慧，是世界一大奇迹，享誉中外。

"绿釉陶井"，西汉陶器。1958 年于山东省高唐出土，现藏中国历史博物馆。器通高 41 厘米，口径 15.3 厘米。大口，外侈，唇外折，深腹，束腰，近底处有折棱，垂直向下，平底。口沿上有一拱形汲水架，中央直立两椭圆形柱，中间装一定滑轮，上端为桥形梁，梁顶卧一小鸟。井架两侧为鸟、树及弯曲形饰物，左右对称。拱中下垂一长圆形物，上粗下细。口沿置一圆形水斗，上有一横提手，斗壁饰柳条纹。器身及内口施绿色釉，釉色均匀光泽，一侧露胎。此器为古代随葬明器，造型精美生动，很有生活气息。

"绿釉陶灶"，东汉陶器。现藏河南省博物馆。器高 11.4 厘米，长 30.7 厘米，宽 28.1 厘米。椭圆扇面形，施绿釉。灶面置有大、小釜各一，烟囱一，肉食盘中置猪、鸭、鹅、鱼肉以及钩、刀之类。此外有漏盆、竹筐、釜圈、通条、葫芦瓢以及盛作料之小壶等。整灶及所附烹饪肉食、

绿釉陶水榭

炊具为一模脱出。灶面及灶门饰菱格纹。汉代崇尚厚葬，为寄托哀思，以慰亡灵，此灶设计巧妙，在有限的空间里陶制出极为丰富多彩的作品。

"绿釉陶水榭"，东汉陶器。1972年于河南灵宝张湾二号墓出土，现藏河南省博物馆。器高53厘米，进深与面阔各45

绿釉陶狗

厘米。亭式水榭，下为方形池塘，塘中央矗立一座两层方形攒尖亭台，四隅各有一攒尖小亭，四个小亭拥簇中央大亭，参差错落，布局分明。大亭各层布有跪坐俑、眺望俑、拥彗迎宾俑。池塘水中有龟、鱼、蛙浮游，垣沿环列小鱼和水鸭。两汉经济发达，达官、富商竞相兴建园林，建造楼堂亭榭。此器为一水中建筑模型，是研究古建筑艺术及汉代生活的资料。

　　"绿釉陶狗"，东汉陶器。现藏上海博物馆。器高 26.8 厘米，长 28 厘米。暗绿色，釉面富有光泽，四足端露胎处可见红色胎土。昂首，耸耳，双目凝视前方。颈部有项圈，颈后有环，用以拴绳，为豢养之驯狗。此器造型具有写实风格，为与死者一同入葬的明器。

　　"绿釉陶猪"，汉代陶器。陕西省西安市文物保护考古所藏。器长 31 厘米，高 18.5 厘米。模制，胎体为泥质细陶，通体施绿釉。此器呈四足直立状，狰狞凶猛。长嘴微张，露出一排粗大的牙齿。平

绿釉陶猪

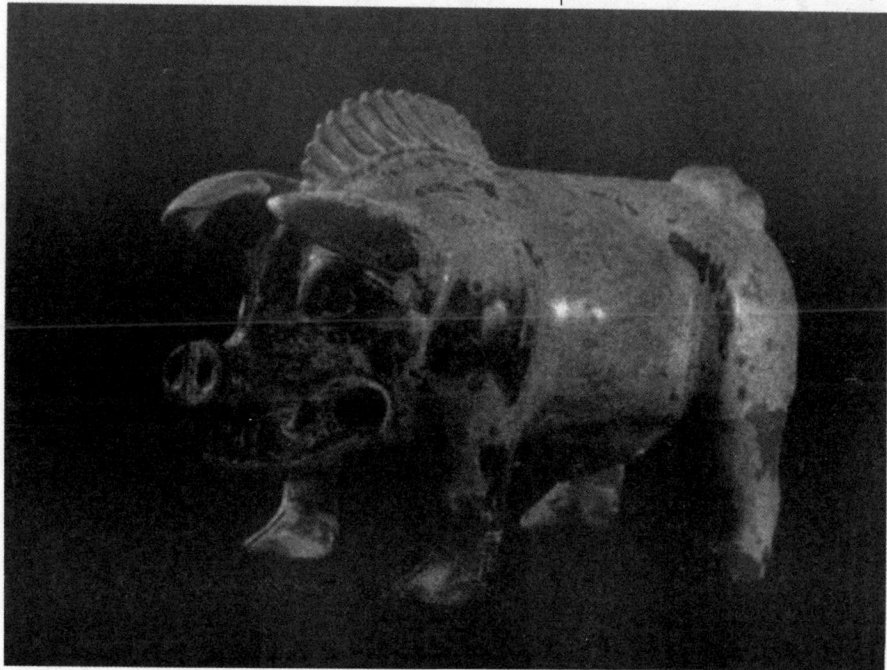

顶鼻，巨目前视，双宽耳直立向前。颈背上有直立长鬃，长身卷尾。刻画生动，似即将爆发野性，令人生畏。

"绿釉陶厨俑"，东汉陶器。山东省高唐县东固河出土，现藏山东省博物馆。器高29.8厘米。身着立领右衽长袍，绾袖操刀踞坐案前，正忙于切割。面带笑容，愉快操刀，形象生动，很有感染力。器表的铅绿釉温润肥厚，晶莹剔透，有如翡翠。此器体现了汉代陶工的高超技艺，堪称古代雕塑史上难得的艺术珍品。

"陶船"，三国东吴陶器。1983年1月江苏省金坛县方麓茶场东吴永安三年墓

陶船

出土，现藏江苏省常州市博物馆。器通长33厘米，船头宽33厘米，中部宽7.7厘米。船平面近似椭圆形，长3.5厘米，宽1.5厘米。船头有防浪板一块，船中部有篷，篷面拍印芦席纹样。船舱中间有隔舱板一块，板上有一凸钮，作系绳牵引之用。这是航行于内河水网地带的舢板船模型，为目前所仅见。

"陶牛车"，三国东吴陶器。1983年1月江苏省金坛县方麓茶场东吴永安三年墓出土，现藏江苏省常州市博物馆。器通长32.3厘米，宽9.5厘米；牛长17厘米，

灰陶犀牛

高 7.31 厘米；车长 15.7 厘米，宽 9.5 厘米；篷高 9 厘米。由牛、车辕及车篷、车架组成。车内端坐一女郎，形象逼真。牛车在三国两晋南北朝时很通行，不仅民间广泛用作交通运输工具，皇帝贵妃和王公大臣也都乘坐牛车，因此当时人把它做成明器陪葬。

"灰陶犀牛"，东晋陶器。1955 年于南京市砂石山东晋墓出土，现藏南京市博物院。器高 20.5 厘米，长 28 厘米。此件取自犀牛造型，注重写实。长首前伸，鼻孔圆大，嘴微张，两耳硬挺，额上有一角呈弧状向前上方翘起。躯体粗大，两侧有四道阴刻线条，以区分前后腿部肌肉。四足平稳着地，腿部关节分明，粗细得体，在前腿上部后侧各有一小短角，尾巴紧贴臀部。犀牛腹体中空，在背部还饰有四角：三角呈弧状向前上方翘起，一角翘向后上方。此器为陪葬的犀牛形镇墓兽，形象逼真，为优秀的雕塑精品。

"陶马"，北朝陶器。1955 年 5 月于南京市中央门外幕府山出土，现藏南京博物院。器高 28.3 厘米，青灰色，马身肥壮，昂首挺胸，双目正视前方，四蹄直立，稳重如山，长尾下垂，置有鞍辔马具。造型生动，为南北朝陶器珍品。

"彩绘伎乐陶女俑"，北朝陶器。
1965年于洛阳市老城盘龙冢元邵墓出土，
现藏河南省洛阳博物馆。左俑高12.3厘
米，中俑高12厘米，右俑高12.2厘米。
三俑装束基本相同，均头上盘髻，身着无
领宽袖长衫，束腰。双腿跪坐，神态专注。

北朝彩绘伎乐陶女俑

通体饰以朱彩。左俑左手扶握乐管，右手作敲击状；中俑双腿间平放一瑟，双手作弹抚状；右俑双手持排箫于胸前，作吹奏状。三俑形象端丽秀美，正反映了北魏皇室的歌乐场面。

"陶马"，北朝陶器。器高20.9厘米。马头瘦长，套笼套，颈部系双带，胸前有花状饰物，象征铃铛。鞍鞯处饰障泥，障泥镂刻精美图案。北朝战争频繁，战马需求量大，重视程度高。此马造型在沿袭汉代基础上有新变化：马头瘦长，前部略尖，马鞍及障泥又宽又长，注重装饰性。此马设计巧妙，四腿细而略短，为北朝陶马典

北朝陶马

型代表。

"灰陶洗甄女俑"，隋代陶器。1953
年于湖北省武昌马坊山 22 号墓出土，现
藏湖北省博物馆。器高 14 厘米。女俑头
顶梳单髻，上着窄袖对襟衫，胸襟敞开；
下系多褶长裙。坐在盆旁洗涤盆内的甄，
脸型清瘦，神态专注。此器造型朴实自然，
充满生活气息。

"灰陶执炊女俑"，隋代陶器。1953
年于湖北省武昌马坊山 22 号墓出土，现
藏湖北省博物馆。俑高 20 厘米。灶台为
长方形，灶面有两个置炊器的圆形火眼，
一端有隔火山墙，一端为烟囱。俑头顶盘

灰陶执炊女俑

唐三彩女俑

双髻，上着窄袖对襟衫，胸襟敞开；下系多褶长裙，立于灶前，左手撑在灶台上，右手作翻炒状。此器形象逼真，再现了奴婢在厨中的劳作情景。

"灰陶梳发女俑"，唐代陶器。1956年于湖北省武昌何家垅出土，现藏湖北省博物馆。器高 19 厘米，女俑面带微笑，取坐姿，优雅自如。上穿窄袖对襟衫，下着褶边长裙，腰系飘带。长发白头顶前垂，右手束发，左手持梳，作梳头状。双足间置一小簸箕，内盛梳、笄等物。造型自然，充溢生活情趣。

"彩绘女舞蹈陶俑"，唐代陶器。

1977年于江苏省扬州市郊区城东乡林庄
出土，现藏扬州博物馆。器高28.2厘米，
模制，彩绘。女俑嘴唇涂朱，上衣金黄色，
下着湖色长裙，肩披长帛巾，自前胸绕

彩绘舞蹈女俑

双肩垂至背后，长发由头顶向两侧分梳，再从脑后上翻扎成并列双髻，裙下露云头鞋。女俑正作舞蹈状，腰肢右弯，俯身侧首。此俑双臂残损，人称"东方维纳斯"。

"铜川窑彩绘陶马"，唐代陶器。1948年于陕西省长安县出土，现藏陕西省历史博物馆。器高34.5厘米。陶马上绘赭红色，四腿直立于长方形踏板上，鞍鞯俱全。陶马伸颈昂首，马鬃耸起，作嘶鸣状，极为雄健。造型逼真，姿态生动。

"巩县窑黄釉绞胎陶枕"，上海博物

巩县窑黄釉绞胎陶枕

馆藏。器高 8.2 厘米，径 14.5 至 10.6 厘米。长方腰圆形体，直身平底，枕面微内凹。胎面用绞胎工艺贴塑黄、褐两色纹样，施透明釉后烧成。绞胎工艺始于唐代河南地区，盛行于宋代，系以黄、褐两种胎泥绞合在一起，形成花纹，贴于器物表面，烧后即成绞胎器。

"云纹狮羊三节陶罐"，1980 年 10 月于陕西省西安市机械厂出土，现藏西安市文物保护考古所。器高 59 厘米，最

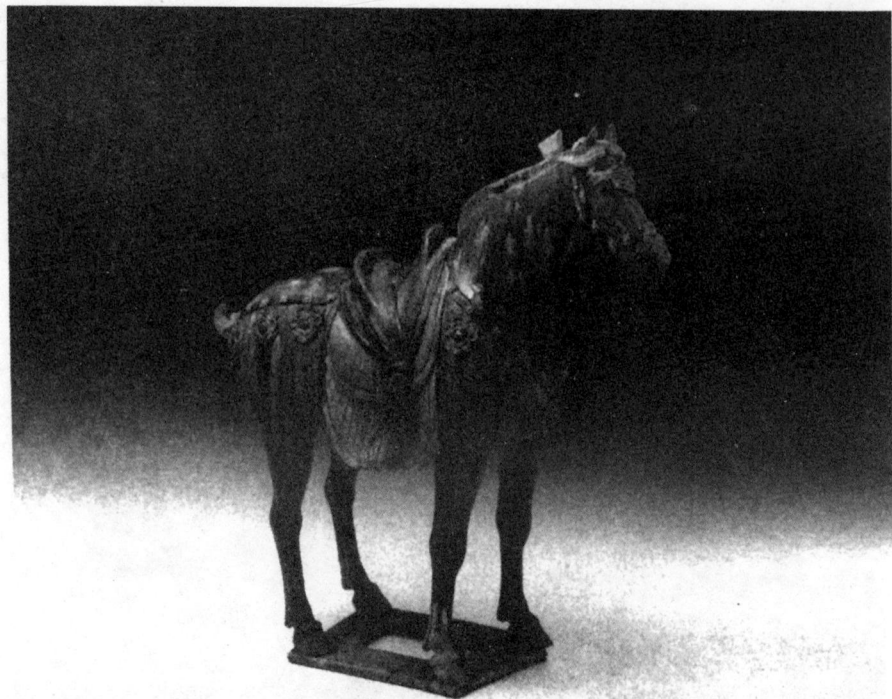

铜川窑三彩陶马

大腹径 36 厘米，座高 19 厘米，罐高 30 厘米。三节罐，盖为四层圆形浮图。罐腹以凸棱为六个椭圆形几何纹，上飘六朵几何纹形云，椭圆形内各雕塑一狮或一羊。三狮首相同，巨目粗眉，口含圆形环，凶猛狰狞；三羊首圆眼长卷角，性格温顺。狮羊形态各异，凶猛与温顺相间排列，构思巧妙，精工细雕，形象生动，艺术水平极高。

"铜川窑三彩陶马"，唐代陶器。1958 年于陕西省西安市独孤思贞墓出土，现藏中国历史博物馆。器高 60.4 厘米，首尾长58.5厘米。马自然站立，微向左侧，作休闲状。全身施赭黄、黄、白及绿色等釉。此马体型高大，前腿修长，为一匹威武雄健的花斑马。

"陶女舞俑"，唐代陶器。两俑一高21厘米，一高21.5厘米。女俑上穿翻领半袖衫，下着长裙，束腰，头微侧。两臂一上举，一下垂，双腿一侧伸，一屈曲，腰轻轻扭动，正在翩翩起舞。从服饰与舞姿看，可知二俑正在跳汉族传统的软舞。唐朝时舞蹈深受人们欢迎，成为时尚，节日庆典上都要有歌舞表演。软舞为传统汉族舞蹈，在舞蹈中占有一

陶女舞俑

缸瓦窑三彩釉印花陶扑满

定的位置。

"缸瓦窑三彩釉印花陶扑满"，辽代陶器。故宫博物院藏。器高6.4厘米，口径8.5厘米。圆形，为上下两半对接而成，底部微平，利于平稳。通体模印花纹，顶部为三朵盛开的菊花和牡丹，上有两孔，顶部一孔为圆形，另一孔为菱形，其下分别装饰卷草纹和如意云头纹，以弦纹相隔。整器施黄、绿、白三色釉料，色彩对比鲜明，制作规整。

"缸瓦窑三彩釉刻花陶盆"，辽代陶器。辽宁省法库叶茂台2号辽墓出土，现藏辽宁省铁岭市博物馆。器高8.9厘米，口径35.5厘米，底径24.5厘米。敞口，外折沿，斜弧腹，假圈足，平底。红陶胎，胎质细腻，挂白陶泥，施白釉。在盆内壁，四面相对绘绿釉草叶形纹，盆内底中间有小白釉圈，圈外有绿釉火焰状花纹，在圈内有四枝绿色的花叶。圈内外花纹处均为赭色釉，花饰周边均用刀雕刻。

"交颈鸳鸯壶"，辽代陶器。1997年12月25日于科左中旗出土。器高23厘米，底颈9.8厘米。壶身施黄、白、绿色釉，作两只鸳鸯交颈状，双翅并拢，短尾下垂，足曲于腹下。构思奇妙，造型新颖，善用传统之鸳鸯团圆不分之说，寄托

了设计者的美好祝愿，被公认为辽代瓷器中不可多得的精品。

"定窑白釉嬉鸡陶塑"，金代陶器。河北省定州市博物馆藏。器高22厘米，胎白质细，釉白泛灰，釉厚处发黄绿，底有流釉现象。陶壶为鸡状，鸡嘴为流，鸡尾向上回弯，成为壶把。鸡身肥硕，昂首挺胸。采用划刻和捏塑技法，鸡之羽毛刻画丰满，纹理清晰可辨，两腿粗壮，曲卧于椭圆形座上。鸡背上骑一男童，头戴荷叶帽，赤膊披帛，长裤赤足，双臂抱住鸡颈，面带微笑，活泼可爱。儿童脑后为空洞，供注水用。此壶构思巧妙，充满情趣，为陶塑精品。

"彩绘车马出行仪仗队陶俑"，元代陶器。河南省焦作市元代古墓出土。陶俑神情严肃，形象逼真，若有所思。彩绘颜色以粉、红、绿为主，工艺精湛，堪称元代陶器珍品。

"明益庄王朱厚烨随葬陶俑"，明代陶器。1958年于江西省南昌出土。四俑头戴尖冠，或击鼓，或吹喇叭，或打铙，各具神态，活灵活现。这批陶俑为研究明

元代彩绘车马出行仪仗队陶俑

代社会状况和当时高超的制陶工艺提供了极为珍贵的实物资料。

"树瘿壶"，明代陶器。现藏中国历史博物馆。此壶为制壶大师供春模仿宜兴金沙寺内老银杏树囊状树瘤形态制成，质薄而坚，色泽古朴，光洁可爱，雅趣盎然。当年，明代宜兴金沙寺有一名老僧，常选紫砂细泥捏成圆形坯胎，加上嘴、柄、盖后，放在窑中烧制成壶。供春天资聪慧，虚心好学，幼年曾给进士吴颐山做书僮，随主人陪读于金沙寺，闲时常帮

树瘿壶

鼎足盖圆壶

寺中老僧抟坯制壶。寺中有株参天银杏，盘根错节，树瘤多有奇姿。供春朝夕观赏，心中一动，乃摹拟树瘤捏制树瘤壶，因造型独特，老僧见了拍案叫绝，便把平生制壶技艺倾囊相授，供春遂成著名制壶大师。供春在实践中逐渐改变了前人单纯用手捏制的方法，改为木板旋泥，并配合竹刀使用。他烧造的紫砂壶造型新颖雅致，质地薄而坚硬。供春名声大震，人称"供春之壶，胜如金玉"。这把树瘿壶造型精巧，是供春唯一传世之作。原壶壶盖已失，现在的壶盖是后代紫砂名匠配上去的。

《鼎足盖圆壶》，明代陶器。福建省漳浦县文化馆藏。器高11.3厘米，口径7.5厘米，壶底刻"时大彬制"四字楷书款品。此壶1987年出土于明万历年间卢维祯墓中，墓主生前为工部侍郎。器身通体呈砖红色，布满梨皮状白色砂点。这是一件有确切纪年可考的大彬壶。

　　"调砂提梁大壶"，明代陶器，南京博物院藏。器高20.5厘米，口径9.4厘米，子口刻款"大彬"二字（见壶盖）。此壶造型质朴大方，为传世大彬壶最精美的代表作。

调砂提梁大壶

　　时大彬，号少山，制壶名家时鹏之子，为明代"三大妙手"之一，对紫砂陶的泥料配制、成型技法和铭刻都有深入研究。最初仿供春作大壶，后一反旧制，专做小壶。所制紫砂壶千态万状，巧夺天工，世称"时壶""大彬壶"。时大彬为划时代的制壶巨匠，总结、发展、改进了整套制壶工艺，确立了至今仍为紫砂业遵行的打泥片、拍打镶接、凭空成形的高难度技术体系，并开始在壶底题名款和制作年月。传世作品很多，著名款式有提梁壶、扁壶、瓜棱壶、僧帽壶、六方壶、鼎足圆壶等，故宫博物馆、上海博物馆、南京博物馆、香港、台湾及海外均有收藏。

"景德镇窑坐衙俑"，清代陶器。1962年大埔湖寮镇吴六奇墓出土，现藏广东省博物馆。

吴六奇（1606—1665年），广东丰顺县人，官至清代挂印总兵官、左都督，死后诰封荣禄大夫、少师、太子太师。墓中出土的明器可分三组：坐衙俑、巡行俑、内庭生活俑及相关器具。坐衙俑俑高19—21厘米，生动逼真，神态各异，真实地再现了封建官场的坐衙情景。

明代紫砂六方壶

清乾隆紫砂描金山水方壶

　　"清乾隆紫砂描金山水方壶"，清代陶器。器高9厘米，口径4.5厘米，底径10厘米。方口，三弯流，蝉肩方体，下承四方折角包边足。通体金彩，篆书装饰，腹一面绘金彩山水人物纹，另三面有金彩乾隆御题五言诗《雨中留余山居即景杂咏》节选："御制雨中留余山居即景：径穿玲珑石，簷挂峥嵘泉。小许亦自佳，昨来龙井边。"足内凸印"乾隆年制"四字篆书款。金彩御题诗文笔势古峭，布局适宜，古雅富丽。此壶为御用紫砂壶中的珍品。

　　"陈曼生铭紫砂石铫式提梁壶"，

清代陶器。壶身为圆筒形，由下向上渐敛，有提梁及直流。穹形壶盖，半环盖纽。壶身两面有隶书刻铭，为陈曼生特有的西泠爽利刀法，金石气十足。一面刻"仿坡公石铫作酒器"，另一面刻"君子有酒，奉爵称寿"。壶盖内有小印"彭年"，为制壶者杨彭年的款识。彭年壶与曼生铭相映成辉，为紫砂壶中名品。

陈鸿寿，字子恭，号曼生，浙江钱塘人。为清代著名篆刻家、画家和紫砂壶设计家。陈鸿寿以其独特的审美能力和艺术修养，设计了众多壶式，由杨彭年兄妹

陈曼生一度痴迷紫砂壶

成型，再加上陈鸿寿自己的题铭。因陈鸿寿号曼生，所以人们把陈鸿寿参与设计的壶叫"曼生壶"。陈曼生本是溧阳县知县，因痴迷紫砂壶，经常到宜兴去品新茗、赏新壶。他是个才子，诗、书、画、印样样精通。因为爱壶，陈曼生放下县太爷的架子，找到紫砂艺人杨彭年、杨凤年兄妹，与他们达成协议，联合开发紫砂新品种。具体分工是陈曼生负责设计与篆刻，杨家兄妹负责捏制与烧成，双方创作了大量的紫砂名壶。陈曼生还

石湾窑"黄炳"款陶鸭

以县太爷的身份带动一批文人墨客、朝野名士共同关心扶持紫砂业，大大地提升了紫砂壶的文化品位和制壶人的社会地位。正是因为陈曼生，中国的紫砂文化才得以流传。紫砂壶从此跻身于艺术珍品之列，陈曼生对紫砂业的贡献是功不可没的。

"石湾窑'黄炳'款陶鸭"，清代陶器。广东省博物馆藏。器高11.5厘米。一鸭伏地，回首舐翅，黄身，黑喙，黑爪，两

黄炳陶器作品《黑猫》

色对照分明。鸭体肥壮，形象逼真。腹下阴刻"黄炳"楷书款。

　　黄炳为清代晚期陶塑名家，擅长鸟兽和人物雕塑，其陶鸭、陶猫等传世作品极为精美。

五　出土陶器的清理与保养

新石器时代双口四系红陶壶

古代陶器在制坯时多就地取土，制坯不精，内部孔隙很多。在地下潮湿的环境中长期埋藏，地下水中的可溶性盐类及其有机质杂质会浸入陶器内部。随地下温度和湿度的变化渗入器物内部的盐类会反复出现重结晶和溶解现象，使陶器强度降低，极易破碎和变酥。

出土后的陶器表面大多沾染污垢和凝结物，主要为碳酸钙、石膏、黏土以及硫酸盐、硅酸盐等类杂物。刚发掘出土的陶器往往是湿的，不要急于用水冲洗，要稍稍晾一下再清理，不然杂物风干后会硬结，就难以除掉了。

有的出土陶器上面有朱砂字或彩绘图案，清理时要特别注意，切不可急于用水冲洗表土，可用竹签剔除。如泥土疏松，可以一点点剔除表土。如泥土黏度大，可先晾一下，待水分挥发一下，再剔除泥土。

古人书写朱砂字时用动植物类胶调合，常年在潮湿土壤中埋藏，因潮湿关系，胶质老化，字迹的附着力很差，剔除表土时稍有不慎，字迹便会脱落。应该在清除表土时，边清除边加固字迹。加固剂为丙酮和乙酸乙酯各50%，配入2%的硝基纤维素，先滴后涂，反复几次，

东汉陶屋

贴塑蛇纹罐

待字迹全部固定下来，要立即将字迹照原格式全部誊抄下来。如果字迹辨认不清，可用棉球沾水擦字迹，令其清晰。陶器上的字迹都是很重要的历史资料，必须保护好。

陶器文物长年埋于地下，表面吸附大量硬结锈斑，是年代久远的象征。只要存放条件好，一般情况下可以不清除。

陶器表面有硬结的碳酸钙或石膏类物质时，可用5%的盐酸溶液在硬结物表面滴几滴，如果发出"咝咝"的声音，可接着用该溶液继续浸渍，用尼龙刷子刷洗。如果硬结难溶，可将酸液加热至180℃—200℃浸刷。这时，石膏硬壳会渐变粉状，很容易刷掉。

出土的陶器孔隙内有时会填满碳酸钙与白垩土混杂物，这类器物切不可用酸类溶液清除。否则会蚀毁陶胎，可用中性的5%六偏磷酸钠溶液清除。

硫酸盐类物质要用浓硝酸滴在硬结物上，待硬结物软化后，用机械方法剔除。

硅酸盐类要用1%的氢氟酸清除。

陶器中吸附的可溶盐类和用酸类处理过的器物要用蒸馏水反复冲洗。

三彩观音像

出土陶器的清理与保养

带釉的陶器可用盐酸清除，切不可用硝酸或醋酸，以免腐蚀釉料。

其他附着的污垢可用 3% 过氧化氢溶液清除。

破碎的出土陶器，要对碎片进行拼对、粘结、补配、仿色、作旧，以恢复器物的原貌。粘结材料最方便快捷的要属热熔胶。这种热溶胶呈棍状，用时在酒精灯上烤化，涂在陶片茬口后，迅速将陶片拼好，立即就粘上了。如果粘错位，可将粘缝在火上烤一下，化开后校对一下，离开火焰就又粘牢了。

使用粘接剂时，凝固时间在半小时以

彩陶

带有几何纹饰的彩陶

上的，陶片接缝要紧紧合拢，可用一根有松紧性能的绑带将压力维持至少半小时之久。接缝上挤出的多余胶质，干燥后可用快刀刮除。

在地下变酥的陶器出土后可用减压渗透加固法，渗透剂可选用4％聚醋酸乙烯酯、丙酮溶液；2％的硝基纤维素、丙酮溶液；2％的可溶性尼龙、乙醇溶液；稀释的聚醋酸乙烯乳液。

釉陶的釉面如果变酥了，可用5％可溶性尼龙、乙醇溶液或10％聚醋酸乙烯酯、丙酮溶液加固。

有些陶器由于长期埋葬在地下，大量

彩陶权杖头

的可溶性盐类及其他杂质深入到器物内部并积聚起来，使器物含盐分很高。另外，土壤中的部分钙类、硅类化合物也牢固地吸附在器物表面，形成难容的履盖层。可溶性盐类在一定温度和湿度情况下有一定的溶解度，当温度和湿度条件发生变化时，就会发生溶解后重新结晶的现象。这会使器物表面泛白，并被盐结晶撑出无数小花点，造成器物表面粗糙，釉陶的釉面剥落，器物内部松脆，容易碎裂。

可溶性盐类是陶质古玩最主要的病害，一般采用水洗的方法清除。在洗涤含盐份高的陶质文物之前，先要断定其烧成

温度，这可以从声音上判断。陶器烧得越好即火候越高，在敲打时声音就越响。其次要看器物表面装饰物（如彩绘）能否经受得住清洗，否则就要先进行加固，然后才能清洗。

如果出土陶器是素陶，表面没有其他装饰物，除盐时就简单了，可将器物放入流动的水中洗涤一两天，除去大量的可溶性盐后，再换用蒸馏水浸泡洗涤。

如果出土陶器是彩陶，彩料绘于器物表面和器物结合很牢固，对于这类器物可直接用洗涤法去除盐类。但有的彩陶颜料图纹高于器物表面，而且很松散，如果直接用洗涤法除盐，则会使颜料酥松脱落，因而要对其表面进行加固。加固剂一般常用的有2%的硝基纤维素丙酮溶液。采用喷涂或刷涂的方法对器物进行加固时，器物应处于干燥状态，加固后的器物可用洗涤法除盐。

有些器物由于本身很脆弱，虽经加固，仍不能用洗涤法脱盐，可改用纸浆包裹法：把滤纸或吸墨纸撕成碎块，放入盛蒸馏水的烧杯中，加热搅拌使其变成纸浆，敷一层在陶器上。纸浆包裹法是利用毛细作用，使盐类从器物内部转移到器物表面，并且在敷纸上结晶。这样，涂一次纸浆就排出一部分可溶性盐，反复若干次后，即可除去可溶性盐了。

黄釉陶高杯

如果出土陶器是彩绘陶器，如彩绘俑，由于地下潮湿作用，颜料中的胶结材料已老化失效，为防出土后在干燥状况下彩色颜料脱落，必须先进行表面加固，然后视其强度选择洗涤法或纸浆包裹法除盐。

如果出土陶器是釉陶，因烧成温度较高，表面有一层玻璃质石灰釉或铅釉层，稳定性比一般陶器要好得多。但如果釉层不完整，盐类也会渗入陶体内部，盐类的结晶作用会造成釉层剥落。如釉层和器物结合牢固，可直接用洗涤法除盐；如釉层和器物结合很松散，应先用高分子材料加固，视其强度选用洗涤法或纸浆包裹法除盐。

陶马

陶器清理后，还要进一步加强保养。

收藏室内温度不稳定或温差过大容易损坏陶器，室内的温度要保持在17—25℃左右。

收藏室的湿度以50%—60%相对湿度为宜，变化不超过5%—6%，过于干燥和潮湿都不利于陶器收藏。

要防止和减少强光对陶器的照射。强烈的紫外线容易造成陶器表面颜色变化，釉层脱落。收藏室的窗子最好挂上不透光窗帘或装上有色玻璃。

唐三彩女乐俑

最好将陶器放在柜中或框架上面，过量的灰尘能对陶器造成一定的损害，会使器物表面变色。对陶器应定期除尘。陶器容易破碎，其耳部、把部、口部等部件较脆弱，更容易断裂。不宜经常用手直接挤压这些易碎部位。搬动陶器时应用双手，要轻拿轻放，避免碰撞或磨擦。